WINTERDRINKS MIT UND OHNE ALKOHOL

HILDEGARD
MÖLLER

WINTER-DRINKS

MIT UND OHNE ALKOHOL

Jan Thorbecke Verlag

VERLAGSGRUPPE PATMOS

PATMOS
ESCHBACH
GRÜNEWALD
THORBECKE
SCHWABEN
VER SACRUM

Die Verlagsgruppe
mit Sinn für das Leben

Die Autorin

Hildegard Möller lebt in Münster und war nach ihrem Studium Inhaberin und Küchenchefin zweier Gastronomiebetriebe. Seit einigen Jahren setzt die Ökotrophologin ihr kreatives Handwerk am Schreibtisch fort. Als Kochbuchautorin und Food-Journalistin schreibt und kocht sie mit Leidenschaft. Zu Hause experimentiert sie gerne mit Produkten aus ihrem eigenen Garten, wo von Apfel bis Zitronenmelisse alles wächst. Bei Thorbecke erschienen von ihr bereits »Limo, Brause & Spritz«, »Frische Kräuterdrinks« und »Sommerdrinks«.

MIX
Papier aus verantwortungsvollen Quellen
FSC® C126011
www.fsc.org

Klimaneutral
Druckprodukt
ClimatePartner.com/14549-2003-1001

Für die Verlagsgruppe Patmos ist Nachhaltigkeit ein wichtiger Maßstab ihres Handelns. Wir achten daher auf den Einsatz umweltschonender Ressourcen und Materialien.

2. Auflage 2022

Verlagsgruppe Patmos in der Schwabenverlag AG, Ostfildern
www.thorbecke.de

Gestaltung: Finken & Bumiller, Stuttgart
Fotos: Finken & Bumiller, Stuttgart
Druck: Evrografis d.o.o., Maribor
Hergestellt in Slowenien
ISBN 978-3-7995-1521-4

INHALT

WOHLIG-WARME WINTERDRINKS FÜR DIE SEELE

Wenn die Tage kürzer werden und die Temperaturen sinken, gibt es nichts Schöneres, als es sich mit einem köstlichen Heißgetränk auf der Couch gemütlich zu machen. Dabei bietet der Winter mehr als nur Glühwein und Grog: Trendige Drinks wie Hot Aperol und Glüh-Gin versprechen aufregenden Trinkgenuss und eignen sich zudem perfekt für winterliche Events unter freiem Himmel. Mit dem Duft von schwedischem Glögg und Winter-Sangría kommt dabei das ganz besondere Weihnachtsfeeling auf – auch beim privaten Mini-Weihnachtsmarkt auf der winterlichen Gartenterrasse oder beim Outdoor-Grillen in der freien Natur. Neue Kreationen wie der Piña-Colada-Punsch und der Apfel-Ingwer-Spritz sind zudem im Handumdrehen gemacht und heizen zwischen Halloween und Silvester so richtig ein. Trotzen Sie also den Minusgraden mit aromatischen Seelenwärmern – denn damit kommen Sie garantiert durch die klirrend kalte Jahreszeit!

Viel Freude mit den Winterdrinks!

Hildegard Möller

HEIßER CAIPI

Für 4 Drinks à 200 ml

4 Bio-Limetten
12 TL brauner Zucker
4 Sternanis
350 ml Wasser
160 ml Cachaça
(Zuckerrohrschnaps)

Zubereitungszeit
15 Minuten

1 Die Limetten waschen und trockenreiben. Zuerst längs vierteln, dann quer halbieren.

2 Die Limettenstücke auf 4 hitzebeständige Gläser oder Tassen verteilen. Mit einem Stößel oder Holzlöffel zerdrücken. Je 3 TL braunen Zucker zugeben. Je einen Sternanis zufügen. Wasser und Cachaça zusammen erhitzen (nicht kochen!) und auf die Gläser verteilen. Sofort servieren.

WINTER-HUGO

Für 4 Drinks à 250 ml

800 ml trockener Weißwein
200 ml Holunderblütensirup
2 Bio-Limetten
4 EL flüssiger Honig
16 Minzeblätter

Zubereitungszeit
15 Minuten

1 Den Weißwein mit dem Holunderblütensirup in einen Topf geben. Die Limetten waschen und trockenreiben. Von einer Limette die Schale abreiben und den Saft auspressen. Beides zugeben und alles zusammen erhitzen (nicht kochen!). Am Schluss den Honig unterrühren.

2 Die Minzeblätter waschen und auf 4 hitzebeständige Gläser oder Tassen verteilen. Die zweite Limette in Scheiben schneiden und in die Gläser geben. Den heißen Hugo darübergießen und sofort servieren.

HOT APEROL

Für 4 Drinks à 250 ml

200 ml klarer Apfelsaft
2 EL heller Rohrohrzucker
2 Bio-Orangen
500 ml trockener Weißwein
200 ml Aperol

Zubereitungszeit
ca. 15 Minuten + 10 Minuten Ziehzeit

1 Den Apfelsaft und den Zucker in einen Topf geben. Die Orangen waschen und trockenreiben. Von einer Orange 1 EL Schale abreiben und den Saft auspressen. Beides zugeben und unter Rühren erhitzen, bis sich der Zucker aufgelöst hat. Dann den Weißwein und den Aperol zugeben. Alles zusammen weiter erhitzen (nicht kochen!) und bei schwacher Hitze ca. 10 Minuten im geschlossenen Topf ziehen lassen.

2 Die zweite Orange in Scheiben schneiden und auf 4 hitzebeständige Gläser oder Tassen verteilen. Den Hot Aperol darübergießen. Sofort servieren.

SCHWEDISCHER GLÖGG

Für 4 Drinks à 200 ml

750 ml trockener Rotwein
4 EL heller Rohrohrzucker
1 Bio-Orange + Bio-Orangenscheiben zum Verzieren
2 Zimtstangen
½ TL gemahlener Kardamom
5 Gewürznelken
80 g Rosinen
4 EL Mandelstifte
100 ml brauner Rum

Zubereitungszeit

20 Minuten + 30 Minuten Ziehzeit

1 Den Rotwein mit dem Zucker in einen Topf geben. Die Orange waschen, trockenreiben und die Schale abschälen, dabei möglichst viel von der weißen Haut entfernen. Die Schalen zugeben. Die Orange quer in Scheiben schneiden, die Scheiben vierteln und mit den Zimtstangen, dem Kardamom, den Nelken und den Rosinen zufügen. Alles zusammen erhitzen (nicht kochen!) und bei schwacher Hitze ca. 30 Minuten im geschlossenen Topf ziehen lassen.

2 Die Orangenschalen, die Zimtstangen und die Nelken aus dem Glögg nehmen. Die Mandelstifte und den Rum zugeben. 5 Minuten weiterziehen lassen. Den Glögg auf 4 hitzebeständige Gläser oder Tassen verteilen. Mit Orangenscheiben verzieren und sofort servieren.

GLÜH-GIN

Für 4 Drinks à 250 ml

750 ml klarer Apfelsaft
2 Zimtstangen
8 Gewürznelken
8 Wacholderbeeren
1 Sternanis
2 Bio-Orangen
40 g frischer Ingwer
150 ml Gin

Zubereitungszeit
10 Minuten + 20 Minuten Ziehzeit

1 Den Apfelsaft in einen Topf geben. Die Zimtstangen, die Nelken, die Wacholderbeeren und den Sternanis zugeben. Die Orangen waschen und trockenreiben. Von einer Orange 1 EL Schale abreiben und den Saft auspressen. Beides zugeben. Den Ingwer schälen, in dünne Scheiben schneiden und zufügen.

2 Alles zusammen erhitzen (nicht kochen!) und bei schwacher Hitze ca. 20 Minuten im geschlossenen Topf ziehen lassen. Am Schluss den Gin zugeben. Die zweite Orange in Scheiben schneiden und auf 4 hitzebeständige Gläser oder Tassen verteilen. Den Glüh-Gin durch ein feines Sieb darübergießen.

HOT APPLE MOSCOW MULE

Für 4 Drinks à 150 ml

350 ml klarer Apfelsaft
1 Orange
8 Gewürznelken
1 Sternanis
1 Zimtstange
200 ml Wodka
Apfelschnitze zum Verzieren

Zubereitungszeit
5 Minuten
+ 20 Minuten Ziehzeit

1 Den Apfelsaft in einen Topf geben. Den Saft der Orange auspressen und mit den Nelken, dem Sternanis und der Zimtstange zugeben. Alles zusammen erhitzen (nicht kochen!). Bei schwacher Hitze ca. 20 Minuten im geschlossenen Topf ziehen lassen.

2 Am Schluss den Wodka zugeben. Das Getränk durch ein feines Sieb in 4 hitzebeständige Gläser oder Tassen gießen. Mit Apfelschnitzen verzieren und sofort servieren.

WINTER-SANGRÍA

Für 4 Drinks à 350 ml

750 ml trockener Rotwein
8 EL heller Rohrohrzucker
2 Bio-Orangen
1 Bio-Zitrone
2 Zimtstangen
100 ml Orangensaft
1 Birne
100 ml Orangenlikör
100 ml Weinbrand

Zubereitungszeit
25 Minuten
+ 30 Minuten Ziehzeit

1 Den Rotwein mit dem Zucker in einen Topf geben. Die Orangen und die Zitrone waschen und trockenreiben. Die Schale der Zitrusfrüchte abschälen, dabei möglichst viel von der weißen Haut entfernen. Die Schalen zugeben. Die Orangen und die Zitrone quer in Scheiben schneiden und zufügen.

2 Die Zimtstangen und den Orangensaft zugeben. Die Birne schälen, vierteln und entkernen. Die Viertel in Spalten schneiden. Die Spalten in Scheiben schneiden und zugeben. Alles zusammen erhitzen (nicht kochen!). Bei schwacher Hitze im geschlossenen Topf ca. 30 Minuten ziehen lassen.

3 Am Schluss die Orangen- und Zitronenschalen sowie die Zimtstangen aus der Sangría nehmen. Den Orangenlikör und den Weinbrand unterrühren. Die Winter-Sangría auf 4 hitzebeständige Gläser oder Tassen verteilen und sofort servieren.

MOJITO TEA

Für 4 Drinks à 250 ml

2 Bund Minze
4 Beutel schwarzer Tee
4 EL brauner Zucker
800 ml Wasser
2 Bio-Limetten
160 ml weißer Rum

Zubereitungszeit
15 Minuten

1 Die Minze waschen und trockenschütteln. 4 Stielspitzen abzupfen und zur Seite legen. Die restlichen Minzeblätter von den Stielen zupfen. Mit den Teebeuteln und dem Zucker in eine Teekanne geben. Das Wasser zum Kochen bringen und darübergießen. 5 Minuten ziehen lassen.

2 Inzwischen die Limetten waschen und trockenreiben. Aus der Mitte 4 schöne Scheiben schneiden und in 4 hitzebeständige Gläser oder Tassen geben. Den Saft der restlichen Limetten auspressen.

3 Die Teebeutel herausnehmen. Den ausgepressten Saft und den Rum zum Tee geben. Durch ein feines Sieb in die Gläser oder Tassen gießen. Mit der beiseitegelegten Minze verzieren und sofort servieren.

PIÑA-COLADA-PUNSCH

Für 4 Drinks à 300 ml

600 ml Kokosmilch
300 ml Ananassaft
2 Zitronen
8 EL flüssiger Honig
80 ml weißer Rum
Ananasstücke zum Verzieren

Zubereitungszeit
10 Minuten

1 Die Kokosmilch und den Ananassaft in einen Topf geben und erhitzen (nicht kochen!). Den Saft der Zitronen auspressen und zugeben. Am Schluss den Honig und den Rum zugeben. Alles zusammen mit dem Schneebesen schaumig rühren.

2 Den Piña-Colada-Punsch auf 4 hitzebeständige Gläser oder Tassen verteilen. Mit Ananasstücken verzieren und sofort servieren.

WEIẞER GLÜHWEIN

Für 4 Drinks à 250 ml

750 ml trockener Weißwein
200 ml klarer Apfelsaft
1 Bio-Orange
1 Bio-Zitrone
1 rotschaliger Apfel + Apfelschnitze zum Verzieren
2 Sternanis
8 Gewürznelken
2 Zimtstangen
3 EL heller Rohrohrzucker

Zubereitungszeit
15 Minuten
+ 20 Minuten Ziehzeit

1 Den Weißwein und den Apfelsaft in einen Topf geben. Die Orange und die Zitrone waschen und trockenreiben. Je 1 EL Schale abreiben und zugeben. Den Saft beider Früchte auspressen und zufügen. Den Apfel waschen, vierteln und entkernen. Die Viertel mit Schale in Spalten schneiden. Die Spalten in Scheiben schneiden und mit dem Sternanis, den Nelken, den Zimtstangen und dem Zucker zugeben. Alles zusammen erhitzen (nicht kochen!) und bei schwacher Hitze 20 Minuten im geschlossenen Topf ziehen lassen.

2 Den Sternanis, die Nelken und die Zimtstangen aus dem Glühwein nehmen. Den Glühwein in 4 hitzebeständige Gläser oder Tassen gießen. Mit Apfelschnitzen verzieren und sofort servieren.

WHITE CHRISTMAS MOJITO

Für 4 Drinks à 200 ml

400 ml Kokosmilch
200 ml Wasser
4 Bio-Limetten
8 Stiele Minze
4 TL heller Rohrohrzucker
200 ml weißer Rum
Zimtstangen und Zimtpulver zum Verzieren

Zubereitungszeit
15 Minuten

1 In einem Topf die Kokosmilch und das Wasser erhitzen (nicht kochen!).

2 Die Limetten waschen und achteln. Die Minze waschen und trockenschütteln. 4 Stielspitzen abzupfen und zur Seite legen. Die restlichen Minzeblätter von den Stielen zupfen. Die Limettenachtel und den Zucker auf 4 hitzebeständige Gläser oder Tassen verteilen. Mit einem Stößel oder mit einem Holzlöffel zerdrücken. Die Minzeblätter zugeben und leicht andrücken (nicht zerquetschen!).

3 Am Schluss den Rum unter die heiße Kokosmilch rühren. Auf die Limetten-Minze-Mischung gießen. Die Zimtstangen und die Stielspitzen senkrecht hineinstecken. Den Mojito mit Zimt bestäuben und sofort servieren.

GLÜHBIER

Für 4 Drinks à 300 ml

1 l dunkles Bier
200 ml Kirschsaft
8 EL flüssiger Honig
1 Bio-Zitrone
1 Bio-Orange
2 Gewürznelken
½ TL gemahlener Kardamom
½ TL gemahlener Ingwer
2 Zimtstangen
1 Sternanis
1 Vanilleschote
Bio-Zitronenscheiben oder Bio-Orangenscheiben zum Verzieren

Zubereitungszeit
15 Minuten + 20 Minuten Ziehzeit

1 Das Bier mit dem Kirschsaft und mit dem Honig in einen Topf geben. Die Zitrone und die Orange waschen, trockenreiben, je 1 EL Schale abreiben und zugeben. Den Saft je einer Zitronen- sowie einer Orangenhälfte auspressen und zufügen. Die Nelken, den Kardamom, den Ingwer, die Zimtstangen und den Sternanis zugeben. Die Vanilleschote längs aufschneiden und das Mark mit einem Messer herausschaben. Vanillemark und -schote zugeben. Alles zusammen erhitzen (nicht kochen!) und bei schwacher Hitze ca. 20 Minuten im geschlossenen Topf ziehen lassen.

2 Das Glühbier durch ein feines Sieb in 4 hitzebeständige Gläser oder Tassen gießen. Mit Zitronen- oder Orangenscheiben verzieren. Sofort servieren.

ORANGEN-ROSMARIN-PUNSCH

Für 4 Drinks à ca. 200 ml

750 ml trockener Weißwein
1 Bio-Orange
4 EL flüssiger Honig
4 Zweige Rosmarin
100 ml Orangenlikör

Zubereitungszeit
15 Minuten
+ 30 Minuten Ziehzeit

1 Den Weißwein in einen Topf geben. Die Orange waschen, trockenreiben und die Schale abschälen, dabei möglichst viel von der weißen Haut entfernen. Die Schalen zugeben. Die Orange quer in Scheiben schneiden und mit dem Honig zugeben. Den Rosmarin waschen, trockenschütteln und zufügen. Alles zusammen erhitzen (nicht kochen!) und bei schwacher Hitze 30 Minuten im geschlossenen Topf ziehen lassen.

2 Am Schluss die Orangenschale aus dem Punsch nehmen. Den Orangenlikör unterrühren. Den Punsch mit den Rosmarinzweigen auf 4 hitzebeständige Gläser oder Tassen verteilen. Sofort servieren.

HEIẞES SCHNEE-GESTÖBER

Für 4 Drinks à 250 ml

400 ml halbtrockener Weißwein
400 ml Eierlikör
1 Bio-Orange
1 EL heller Rohrohrzucker
200 ml Sahne
1 EL Bourbon-Vanillezucker

Zubereitungszeit
20 Minuten

1 Den Weißwein und den Eierlikör in einen Topf geben. Die Orange waschen und trockenreiben. 1 TL Schale abreiben und 50 ml Saft auspressen. Beides zufügen. Den Zucker zugeben und unter ständigem Rühren langsam erhitzen (nicht kochen!). Bei schwacher Hitze ca. 10 Minuten im geschlossenen Topf ziehen lassen.

2 Die Sahne mit dem Bourbon-Vanillezucker mit einem Handrührgerät steif schlagen. Das Schneegestöber auf 4 hitzebeständige Gläser oder Tassen verteilen. Die Schlagsahne daraufgeben und sofort servieren.

BRATAPFEL-PUNSCH

Für 4 Drinks à 250 ml

2 rotschalige Äpfel
1 Bio-Zitrone
6 EL flüssiger Honig
750 ml klarer Apfelsaft
1 Vanilleschote
8 Gewürznelken
2 Zimtstangen
200 g Sahne
1 TL Zimtpulver + Zimtpulver zum Verzieren
1 EL Bourbon-Vanillezucker

Zubereitungszeit
30 Minuten

1 Den Ofen auf 200 °C Ober-/Unterhitze vorheizen. Die Äpfel waschen, vierteln und das Kerngehäuse entfernen. Die Viertel mit Schale in Spalten schneiden und in eine ofenfeste Form geben. Die Zitrone waschen, trockenreiben, 2 TL Schale abreiben und zur Seite stellen. 2 EL Saft auspressen und über die Apfelspalten träufeln. Mit 2 EL Honig mischen. Im heißen Ofen ca. 20 Minuten backen.

2 Den Apfelsaft in einen Topf geben. Die Vanilleschote längs aufschneiden und das Mark herausschaben. Das Vanillemark und die -schote mit den Nelken, den Zimtstangen und der abgeriebenen Zitronenschale zugeben. 4 EL Honig einrühren. Alles zusammen erhitzen (nicht kochen!) und bei schwacher Hitze ca. 20 Minuten im geschlossenen Topf ziehen lassen.

3 Die Sahne mit dem Zimt und dem Bourbon-Vanillezucker mit einem Handrührgerät steif schlagen. Die gebackenen Apfelscheiben auf 4 hitzebeständige Gläser oder Tassen verteilen. Den Punsch durch ein feines Sieb darübergießen. Die Sahne daraufgeben. Mit Zimtpulver bestäuben.

IMMUNBOOSTER-DRINK MIT KURKUMA UND INGWER

Für 4 Drinks à 150 ml

8 Orangen + Bio-Orangenscheiben zum Verzieren
40 g frischer Ingwer
2 TL Kurkuma
4 EL flüssiger Honig

Zubereitungszeit
15 Minuten
+ 10 Minuten Ziehzeit

1 Den Saft der Orangen auspressen. Den Ingwer schälen und in feine Scheiben schneiden. Den ausgepressten Saft mit dem Ingwer in einen Topf geben. Die Kurkuma zugeben und alles zusammen erhitzen (nicht kochen!). Den Honig einrühren. Bei schwacher Hitze ca. 10 Minuten im geschlossenen Topf ziehen lassen.

2 Den Kurkuma-Orangen-Drink in 4 hitzebeständige Gläser oder Tassen gießen. Mit Orangenscheiben verzieren.

HOT RHABARBER SPRITZ

Für 4 Drinks à 250 ml

500 ml Rhabarbersaft
1 Bio-Zitrone
1 Päckchen Bourbon-Vanille-zucker
½ TL gemahlener Anis
½ TL Zimtpulver
1 Granatapfel
500 ml alkoholfreier Sekt
Zitronenmelisseblätter zum Verzieren

Zubereitungszeit
15 Minuten

1 Den Rhabarbersaft in einen Topf geben. Die Zitrone waschen und trockenreiben, 1 EL Schale abreiben und den Saft auspressen. Beides zugeben. Den Vanillezucker, den Anis und den Zimt zufügen. Alles zusammen erhitzen (nicht kochen!).

2 Den Granatapfel halbieren. 4 TL Kerne herauslösen und auf 4 hitzebeständige Gläser oder Tassen verteilen. Den alkoholfreien Sekt zum heißen Rhabarbersaft gießen und miterhitzen. Mit dem Schneebesen kurz schaumig rühren. Den heißen Rhabarber Spritz zügig in die vorbereiteten Gläser oder Tassen geben. Mit Zitronenmelisseblättern verzieren und sofort servieren.

HYGGE-PUNSCH

Für 4 Drinks à 250 ml

500 ml Heidelbeersaft
500 ml klarer Apfelsaft
1 Orange + Bio-Orangenscheiben zum Verzieren
1 Zitrone
½ TL gemahlener Kardamom
1 Zimtstange
4 Gewürznelken
2 TL Bourbon-Vanillezucker
4 EL flüssiger Honig

Zubereitungszeit
15 Minuten
+ 15 Minuten Ziehzeit

1 Den Heidelbeersaft und den Apfelsaft in einen Topf geben. Den Saft der Orange und der Zitrone auspressen und zugeben. Den Kardamom, die Zimtstange, die Nelken und den Vanillezucker zufügen. Den Honig einrühren. Alles zusammen erhitzen (nicht kochen!) und 15 Minuten bei schwacher Hitze im geschlossenen Topf ziehen lassen.

2 Den Punsch durch ein feines Sieb in 4 hitzebeständige Gläser oder Tassen gießen. Mit Orangenscheiben verzieren und sofort servieren.

SANTA-CLAUS-DRINK

Für 4 Drinks à 250 ml

4 Beutel Apfeltee
500 ml Wasser
500 ml Johannisbeersaft
8 Gewürznelken
1 Zimtstange
8 EL heller Rohrohrzucker
2 Päckchen Vanillezucker
1 Zitrone
1 Bio-Orange
1 Granatapfel

Zubereitungszeit
15 Minuten
+ 15 Minuten Ziehzeit

1 Die Teebeutel in eine Teekanne geben. Das Wasser zum Kochen bringen und darübergießen. 8 Minuten ziehen lassen.

2 Inzwischen den Johannisbeersaft mit den Nelken, der Zimtstange, dem Zucker und dem Vanillezucker in einen Topf geben. Den Saft der Zitrone auspressen und zugeben. Die Orange waschen, trockenreiben, 1 EL Schale abreiben und zufügen. Den Saft auspressen und zugeben. Die Teebeutel aus dem Tee nehmen. Den Tee zugießen. Alles zusammen erhitzen (nicht kochen!) und bei schwacher Hitze ca. 15 Minuten im geschlossenen Topf ziehen lassen.

3 Inzwischen den Granatapfel halbieren, 4 TL Kerne herauslösen und auf 4 hitzebeständige Gläser oder Tassen verteilen. Den heißen Punsch durch ein feines Sieb daraufgießen. Sofort servieren.

CRANBERRY-ORANGEN-GLÜH-PUNSCH

Für 4 Drinks à 250 ml

500 ml Cranberrysaft
1 Bio-Orange
½ TL gemahlener Kardamom
2 Gewürznelken
2 Zimtstangen
300 ml Orangensaft
4 TL heller Rohrohrzucker
40 g getrocknete Cranberrys
Zucker für den Glasrand

Zubereitungszeit
15 Minuten
+ 20 Minuten Ziehzeit

1 Den Cranberrysaft in einen Topf geben. Die Orange waschen, trockenreiben und die Schale abschälen, dabei möglichst viel von der weißen Haut entfernen. Die Schalen zugeben. Die Orange quer in Scheiben schneiden, die Scheiben vierteln und mit dem Kardamom, den Nelken und den Zimtstangen zufügen. Den Orangensaft, den Zucker und die Cranberrys zufügen. Alles zusammen erhitzen (nicht kochen!) und bei schwacher Hitze ca. 20 Minuten im geschlossenen Topf ziehen lassen.

2 Die Orangenschalen, die Nelken und die Zimtstangen aus dem Glühwein nehmen. Von 4 hitzebeständigen Gläsern jeweils den Glasrand in Wasser tauchen und danach in den Zucker. Den Glühwein vorsichtig einfüllen und sofort servieren.

ADVENTS-PUNSCH

Für 4 Drinks à 250 ml

500 ml klarer Apfelsaft
500 ml roter Traubensaft
1 Zimtstange
4 Gewürznelken
1 Sternanis
4 EL flüssiger Honig
1 Orange + Bio-Orangenscheiben zum Verzieren
1 Zitrone

Zubereitungszeit
10 Minuten
+ 15 Minuten Ziehzeit

1 Den Apfel- und den Traubensaft in einen Topf geben. Die Zimtstange, die Nelken und den Sternanis zugeben. Den Honig einrühren. Den Saft der Orange und der Zitrone auspressen und zugeben. Alles zusammen erhitzen (nicht kochen!) und bei schwacher Hitze ca. 15 Minuten im geschlossenen Topf ziehen lassen.

2 Den Punsch durch ein feines Sieb auf 4 hitzebeständige Gläser oder Tassen verteilen. Mit Orangenscheiben verzieren und sofort servieren.

BLACK-CHAI-PFLAUME

Für 4 Drinks à 250 ml

600 ml Pflaumensaft
1 Bio-Orange
1 Bio-Zitrone + Bio-Zitronenscheiben zum Verzieren
2 Zimtstangen
1 EL Lebkuchengewürz
1 Sternanis
1 Päckchen Bourbon-Vanillezucker
1 EL flüssiger Honig
2 Beutel Earl-Grey-Tee
400 ml Wasser

Zubereitungszeit
15 Minuten
+ 20 Minuten Ziehzeit

1 Den Pflaumensaft in einen Topf geben. Die Orange und die Zitrone waschen, trockenreiben, je 1 EL Schale abreiben und zugeben. Den Saft beider Früchte auspressen und zufügen. Die Zimtstangen, das Lebkuchengewürz, den Sternanis und den Vanillezucker zugeben. Den Honig einrühren. Alles zusammen erhitzen (nicht kochen!). Bei schwacher Hitze ca. 20 Minuten im geschlossenen Topf ziehen lassen.

2 Die Teebeutel in eine Teekanne geben. Das Wasser zum Kochen bringen und darübergießen. 5 Minuten ziehen lassen. Anschließend die Teebeutel herausnehmen. Den Tee mit dem Punsch mischen und durch ein feines Sieb auf 4 hitzebeständige Gläser oder Tassen verteilen. Mit Zitronenscheiben verzieren und sofort servieren.

HEIßER APFEL-INGWER-SPRITZ

Für 4 Drinks à 300 ml

500 ml klarer Apfelsaft
1 rotschaliger Apfel
40 g frischer Ingwer
2 EL flüssiger Honig
1 Bio-Zitrone
12 Salbeiblätter
500 ml Ginger Ale

Zubereitungszeit
15 Minuten

1 Den Apfelsaft in einen Topf geben. Den Apfel schälen, vierteln und das Kerngehäuse entfernen. Die Viertel mit Schale in Spalten schneiden. Die Spalten in feine Scheiben schneiden und zugeben. Den Ingwer schälen, in feine Scheiben schneiden und zufügen. Den Honig einrühren. Alles zusammen erhitzen (nicht kochen!) und bei schwacher Hitze ca. 10 Minuten im geschlossenen Topf ziehen lassen.

2 Die Zitrone waschen, in Scheiben schneiden und auf 4 hitzebeständige Gläser oder Tassen verteilen. Die Salbeiblätter waschen und zugeben.

3 Das Ginger Ale zum Apfelsaft gießen und miterhitzen. Mit dem Kochlöffel kurz schaumig rühren. Den heißen Apfel-Ingwer-Spritz zügig in die vorbereiteten Gläser gießen und sofort servieren.

X-MAS-PUNSCH

Für 4 Drinks à 250 ml

2 Beutel Hibiskustee
600 ml Wasser
400 ml Multivitaminsaft
2 Vanilleschoten
2 Zimtstangen
4 TL heller Rohrohrzucker
2 Mandarinen
4 kleine Tannenzweige und Bindfäden zum Verzieren

Zubereitungszeit
30 Minuten

1 Die Teebeutel in eine Teekanne geben. Das Wasser zum Kochen bringen und darübergießen. 5 Minuten ziehen lassen. Anschließend die Teebeutel herausnehmen.

2 Den Multivitaminsaft in einen Topf geben. Die Vanilleschoten längs aufschneiden und das Mark herausschaben. Die Vanilleschoten und das -mark mit den Zimtstangen und dem Zucker zufügen. Die Mandarinen schälen und quer in Scheiben schneiden. Die Scheiben vierteln und zufügen. Den Hibiskustee zugeben. Alles zusammen erhitzen (nicht kochen!) und bei schwacher Hitze ca. 20 Minuten im geschlossenen Topf ziehen lassen.

3 Inzwischen an den Glashälsen oder Tassenhenkeln von 4 hitzebeständigen Gläsern oder Tassen kleine Tannenzweige mithilfe eines Bindfadens festbinden. Die Vanilleschoten und die Zimtstangen herausnehmen. Den Punsch auf die Gläser oder Tassen verteilen. Sofort servieren.

HOLUNDER-ROOIBOS-PUNSCH

Für 4 Drinks à 250 ml

500 ml Holunderbeersaft
500 ml Wasser
1 Bio-Orange
+ Bio-Orangenscheiben zum Verzieren
1 Bio-Zitrone
1 TL Zimtpulver
8 EL flüssiger Honig
2 Beutel Vanille-Rooibos-Tee

Zubereitungszeit
20 Minuten

1 Den Holunderbeersaft mit dem Wasser in einen Topf geben. Die Orange und die Zitrone waschen, trockenreiben, je 1 EL Schale abreiben und zugeben. Den Saft beider Früchte auspressen und zufügen. Den Zimt zugeben und den Honig einrühren Alles zusammen erhitzen (nicht kochen!). Die Teebeutel in die heiße Flüssigkeit geben. Bei schwacher Hitze ca. 5 Minuten im geschlossenen Topf ziehen lassen.

2 Die Teebeutel herausnehmen. Den Holunder-Roiboos-Punsch auf 4 hitzebeständige Gläser oder Tassen verteilen. Mit Orangenscheiben verzieren und sofort servieren.

MARACUJA-MANDARINEN-PUNSCH

Für 4 Drinks à 250 ml

500 ml Maracujasaft
500 ml Orangensaft
4 EL flüssiger Honig
2 Zimtstangen
2 Sternanis
2 Mandarinen

Zubereitungszeit
ca. 10 Minuten
+ 20 Minuten Ziehzeit

1 Den Maracuja- und den Orangensaft mit dem Honig, den Zimtstangen und dem Sternanis in einen Topf geben und erhitzen (nicht kochen!). Die Mandarinen schälen und quer in Scheiben schneiden. Die Scheiben vierteln und zugeben. Alles zusammen erhitzen (nicht kochen!) und bei schwacher Hitze ca. 20 Minuten im geschlossenen Topf ziehen lassen.

2 Die Zimtstangen und den Sternanis aus dem Maracuja-Mandarinen-Punsch nehmen. Den Punsch in 4 hitzebeständige Gläser oder Tassen füllen und sofort servieren.

HEIßE SCHWARZWÄLDER KIRSCH-BOWLE

Für 4 Drinks à 250 ml

2 Beutel Kirschtee
250 ml Wasser
1 Glas Schattenmorellen (ca. 680 g)
1 Bio-Orange
2 Zimtstangen
8 Gewürznelken
4 Sternanis
8 EL flüssiger Honig
4 TL Kakaopulver
200 ml Sahne
30 g Zartbitterschokolade

Zubereitungszeit
15 Minuten + 20 Minuten Ziehzeit

1. Die Teebeutel in eine Teekanne geben. Das Wasser zum Kochen bringen und darübergießen. 8 Minuten ziehen lassen. Anschließend die Teebeutel herausnehmen.

2. Die Schattenmorellen mit der Flüssigkeit in einen Topf geben. Die Orange waschen, trockenreiben, 1 EL Schale abreiben und den Saft auspressen. Beides mit den Zimtstangen, den Nelken, dem Sternanis, dem Honig und dem Kakaopulver zugeben. Den Kirschtee zugießen. Alles zusammen erhitzen (nicht kochen!) und bei schwacher Hitze ca. 20 Minuten im geschlossenen Topf ziehen lassen.

3. Die Sahne mit einem Handrührgerät steif schlagen. Die Schokolade raspeln. Die Zimtstangen, die Nelken und den Sternanis aus der Bowle nehmen. Die Bowle in 4 hitzebeständige Gläser oder Tassen füllen. Die geschlagene Sahne darauf verteilen und mit Schokoraspeln bestreuen. Sofort servieren.

WINTER-TRAUM

Für 4 Drinks à 250 ml

2 Beutel schwarzer Tee
500 ml Wasser
1 Grapefruit + Grapefruitscheiben zum Verzieren
500 ml dunkler Traubensaft
4 EL heller Rohrohrzucker
2 Zimtstangen
4 Gewürznelken
2 Sternanis
4 Pimentkörner
½ TL gemahlener Kardamom

Zubereitungszeit
15 Minuten
+ 10 Minuten Ziehzeit

1 Die Teebeutel in eine Teekanne geben. Das Wasser zum Kochen bringen und darübergießen. 5 Minuten ziehen lassen. Anschließend die Teebeutel herausnehmen.

2 Den Saft der Grapefruit auspressen und mit dem Traubensaft in einen Topf geben. Den Zucker, die Zimtstangen, die Nelken, den Sternanis, die Pimentkörner und den Kardamom zugeben. Den Tee zugießen. Alles zusammen erhitzen (nicht kochen!) und bei schwacher Hitze ca. 10 Minuten im geschlossenen Topf ziehen lassen.

3 Das heiße Getränk durch ein feines Sieb in 4 hitzebeständige Gläser oder Tassen gießen. Grapefruitscheiben halbieren oder vierteln und auf den Glasrand stecken. Sofort servieren.

REGISTER